AZOLAN,

OU

LE SERMENT INDISCRET,

BALLET-HÉROÏQUE

EN TROIS ACTES;

REPRÉSENTÉ,

POUR LA PREMIÈRE FOIS,

PAR L'ACADÉMIE-ROYALE

DE MUSIQUE,

Le Mardi 15 Novembre 1774.

Tant d'honneurs & tant d'opulence,
N'étaient rien sans un peu d'amour.

Conte d'Azolan, par M. de Voltaire.

PRIX XXX. SOLS.

AUX DÉPENS DE L'ACADÉMIE.

A PARIS, Chés DELORMEL, Imprimeur de ladite Académie, rue
du Foin, à l'Image Sainte Geneviève.

On trouvera des Exemplaires du Poeme à la Salle de l'Opera.

M. DCC. LXXIV.

AVEC APPROBATION ET PRIVILEGE DU ROI.

Le Poeme est de M. ***.

La Musique est de M. FLOQUET.

ACTEURS ET ACTRICES
CHANTANTS DANS LES CHŒURS.

CÔTÉ DU ROI.

Mesdemoiselles. Messieurs.

Mesdemoiselles	Messieurs
Garrus.	Cailteau.
la Guerre.	Héri.
de Laurette.	Lagier.
Fontenet.	Van-Hecke.
d'Hautrive.	Martin.
Veron.	le Grand.
Renard.	Boi.
Rouxelin.	Huet.
du Fresnoi.	Itasse.
de Ponjot.	Parant, c.
	Jouve.
	Patoulet.

CÔTÉ DE LA REINE

Mesdemoiselles. Messieurs.

Mesdemoiselles	Messieurs
le Bourgeois.	Candeille.
d'Agée.	Vatelin.
Chenais.	l'Écuyer.
de l'Or.	Tourcati.
des Rosières.	Ghuiot.
de Merei.	Capoi.
Denis, l.	Méon.
Thaunar	Beghaim.
St. Lavau.	Cleret.
	Tacuffet.
	Baillon.
	de Lori.
	Fagnan.

ACTEURS.

ALCINDOR, *Roi des gé-
nies*, & *protecteur d'AZOLAN*, M. l'Arrivée.

AZOLAN, *jeune homme, fans
parens*, & *élevé par ceux
d'AGATINE*, M. le Gros.

L'AMOUR, *déguifé fous les traits
& les habits d'HYLAS, jeune
berger, ami d'AZOLAN
& d'AGATINE*, Mlle. Rozalie.

AGATINE, *jeune bergere*, Mlle. Beaumefnil.

PALÉMON, *vieux berger,
parent d'AGATINE*, M. Beauvalet.

PRÊTRES *de la* FORTUNE.

Deux CORIPHÉES, *Prêtres de la* FORTUNE.

Plufieurs GÉNIES, *transformés en Démons.*

GÉNIES *élémentaires, de la Suite d'ALCINDOR.*

GARDES *du temple de la Fortune.*

La Scéne eft en Grece, dans le village d'AZOLAN.

PERSONNAGES DANSANTS

ACTE PREMIER·

PREMIER DIVERTISSEMENT.

PEUPLES de différentes Nations.

M. GARDEL, c.

M. GIROUX, Mlle. JULIE.

AMÉRICAINS. M^{rs}. le Roi, 1er., Roiffi, Pladix, Petit.

POLONOIS. M^{rs}. Aubri, Lieffe, du Chaifne, des Bordes.

SCITHES... M^{rs}. Rivet, Dangui, Henri, Huart.

ASIATIQUES.

Mlle. DORIVAL.

Mlle. Rôfé, Martin, Jonveau, Felmé, le Houx, du Parc, St. Ouin, Verteuil, du Mefnil, Adrienne, Belletour, du Bauchet.

SECOND DIVERTISSEMENT.

VILLAGEOIS & VILLAGEOISES.

M. D'AUBERVAL, Mlle. PESLIN.

M. MALTER, Mlle. COMPAIN.

M^{rs}. Cafter, Doffion, Giguet, le Roi, 2e., Barré, Simonin, Hennequin, c., l'Argillière, Duffel, Guillet, Fontaine, du Pré.

Mlles. Auberte, Renard, Villette, Efter, Henriette, Thifte, du Holan, Fanfan, du Val, du Mont, du Pin, Huet.

ACTE SECOND.

ARIANE.

Mlle. GUIMARD.

AMOURS.

M^{rs}. Fontenet, Elize, Victoire ; Conſtance,
Michelot, Clergé, Guénet, Blondin,
Thereſe, du Pin.

BACCHUS.

M. VESTRIS.

Suite de BACCHUS.

M. VESTRIS, fils.

Mrs. LEGER, ABRAHAM.

M^{rs}. Huart, Henri, Hennequin, I., du Chaiſne,
Rivet, Dangui, Petit, Trupti, Laval, des Bordes,
le Breton, le Doux.

BACCHANTES.

Mlles. D'ELFEVRE, DU BOIS.

Mlles. Adeline, Roſé, Jonveau, Martin, le Houx,
Adrienne, St Ouin, du Parc, Felmé, Lolotte,
Belletour, Durville.

ACTE TROISIÈME.
JEUX & PLAISIRS.

M. GARDEL, 1.

Mlle. HEINEL,

Mrs. LEGER, ABRAHAM.

Mlles. D'ELFEVRE, DU BOIS.

M^{rs}. Doffion, Cafter, Guillet, Rufflé, Huart, Dangui, Hennequin, 1. Petit, du Chaifne, Laval, Pladix, le Bel.

Mlles. Adeline, du Mefnil, Gravel, des Gravières, Auberte, Renard, le Houx, Verteuil, Belletour, Huet, Fanfan, Durville.

PASTRES & PASTOURELLES.

M. D'AUBERVAL, Mlle. PESLIN.

M. Simonin, Mlle. Julie.

M. Giroux, Mlle. Pérolle.

M^{rs}. Giguet, le Roi, 2., Barré, Hennequin, c., Duffel, l'Argillière, du Pré, Fontaine.

Mlles. Henriette, du Val, du Pin, du Mont, Villette, Thifte, Théodofe, Efther.

AZOLAN

AZOLAN,

OU

LE SERMENT INDISCRET,

BALLET-HÉROÏQUE

EN TROIS ACTES.

ACTE PREMIER.

(*Le théâtre repréſente la chambre d'*AZOLAN, *où rien n'annonce le faſte & l'opulence.*
Sur une des aîles eſt un petit pavillon, ſous lequel AZOLAN *paraît endormi.*
Une ſymphonie douce & mélodieuſe précede ſon réveil.)

La ſcêne commence au lever de l'aurore.

B

SCÈNE PREMIÈRE.

A Z O L A N , feul.

(*Il fort du pavillon , & fe promène quelque tems avec le regret d'un homme qui faifait un beau fonge , que le réveil a détruit.*)

D ou x fommeil revenés encore ,
Je vous dois mes momens heureux :
Envain les chants des oifeaux amoureux
Me réveillent avec l'aurore :
Quels font don : mes defirs ? Tout devrait en ces lieux
Charmer l'ennui qui me dévore ,
Et rien n'y fatisfait mes vœux.

Doux fommeil, revenés encore.

O toi , dont je chéris & révérai toujours
La puiffance infinie ,
Généreux Alcindor ! favorable génie !
Ah ! ne devrais-je pas, par ton heureux fecours ,
Jouïr au printems de mes jours
Des biens qui font le charme de la vie ?

(*Symphonie bruyante. Le théâtre s'obfcurcit.*)

Mais quelle épaiffe nuit vient obfcurcir ces lieux ?

Quel bruit ? ... Quels éclats de tonnerre ? ...
Ciel ! ... aurais-je formé de téméraires vœux ? ...
Auraient-ils d'Alcindor allumé la colère ?

*(Des nuages enflâmés remplissent toute la chambre
d'AZOLAN : du milieu de ces nuages, qui cachent
le fond du théâtre & qui s'entr'ouvrent, on voit
ALCINDOR descendre d'un thrône brillant :
dès que le Génie est descendu, le trône disparaît,
les nuages remontent insensiblement, & laissent
voir un temple magnifique, consacré à la Fortune.)*

C'est lui-même.

✳❋◊❋✳❋✳❋✳❋✳❋✳❋✳❋◊❋✳❋✳❋✳

SCÊNE II.

ALCINDOR, AZOLAN.

ALCINDOR.

Azolan, diffipe ton effroi :
J'ai connu ton zele pour moi,
Et je viens t'en donner la jufte récompenfe.

AZOLAN.

Génie, égal aux dieux, quelle reconnaiffance !....

ALCINDOR.

Vois tout ce que mon art a déjà fait pour toi.

(*Le théâtre repréfente le temple de la Fortune.*)

AZOLAN.

Où fuis-je ?

ALCINDOR.

Dans un temple où tout fuivra ta loi.

C'eſt dans ces lieux que la Fortune
Reçoit l'hommage des mortels :
Par une faveur peu commune
Tu vas y préſider au ſoin de ſes autels.

AZOLAN.

De la félicité tout m'offre ici l'image.

ALCINDOR , lui remettant ſon ſceptre.

Que de notre amitié ce ſceptre ſoit le gage :
Par lui dans ce ſéjour tout préviendra tes vœux.

AZOLAN.

Pour mériter des dons ſi précieux....

ALCINDOR.

Goûte en paix l'heureux avantage
De voir à tes pieds l'univers;
Mais apprens à quel prix ces dons te ſont offerts.

L'Amour règne en tyran dans un cœur qu'il enflâme :
Sous ſes funeſtes loix on n'eſt jamais heureux.
Pour jouïr de mes dons, il faut braver ſa flâme
    Et t'affranchir de ſon pouvoir affreux.
L'Amour règne en tyran dans un cœur qu'il enflâme.
De mes jours fortunés il a troublé la paix :
Il a livré mon cœur à d'éternels regrèts:

C'eſt peu d'en défendre ton âme,
Fuis d'un ſexe léger les dangereux attraits.

A Z O L A N.

J'ignore ſi l'Amour a d'agréables chaînes,
   Ou s'il trouble notre bonheur ;
Je n'ai jamais connu ſes plaiſirs ni ſes peines ;
   Mais j'en défendrai bien mon cœur.

A L C I N D O R.

Penſes-tu que l'Amour ſoit ſi peu redoutable,
Et qu'on puiſſe braver ſon pouvoir aiſément ?

A Z O L A N.

Je vous dois cet effort : & je m'en ſens capable.

A L C I N D O R.

   Tu promèts tout aveuglément,
Pour mériter le ſort que mon art te deſtine :

A Z O L A N.

Ah ! croyés que mon cœur . . . .

A L C I N D O R.

            Et la jeune Agatine ?

A Z O L A N.

Blâmés-vous l'amitié qui nous unit tous deux ?
Ses parens prirent ſoin d'élever mon enfance.

ALCINDOR.

Je ne m'oppôſe point à ta reconnaîſſance ;
Mais crains de t'engager dans de funeſtes nœuds.

AZOLAN.

Tout vous répond de mon obéiſſance.

ALCINDOR.

Pour m'en aſſûrer encor mieux ,
Par un ferment inviolable
Ôſe t'engager ....

AZOLAN.

Oui , j'en atteſte les cieux ,
Oui , je jure à l'Amour une haîne implacable.

ALCINDOR.

C'en eſt aſſés. Ton fort eſt dans tes mains.

DUO DIALOGUÉ.

ALCINDOR. { Dans une heureuſe indifférence ,
{ Jouïs de tes brillans deſtins.

AZOLAN. { Mes jours , filés par l'innocence ,
{ Seront toujours purs & fereins :

ALCINDOR. { Mais ſi , trompant mon eſpérance ,
{ Et peu ſenſible à mes bienfaits....

A Z O L A N. } Ne craignés point mon inconſtance:
Je n'aimerai jamais.

ALCINDOR. } Tu connais ma puiſſance,

A Z O L A N. } Je perdrais vos bienfaits.

E N S E M B L E.

A Z O L A N. {
Rendés - moi ma triſte exiſtence
Si je trahis jamais
Le ferment que je fais :
Tonnés : lancés ſur moi les traits
De la plus affreuſe vengeance.

ALCINDOR. {
L'Enfer ſecondant ma puiſſance,
Je t'accâblerai ſous les traits
De ma hâîne & de ma vengeance,
Si tu trahis jamais
Le ferment que tu fais.

(Prélude de la marche des peuples qui entrent dans le temple de la Fortune.)

SCÊNE

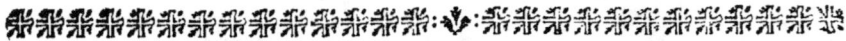

SCÊNE III.

ALCINDOR, AZOLAN, Prêtres *de la Fortune*;
PEUPLES *de differentes nations , compôfés*
*d'*ASIATIQUES, *de* SCYTHES, *d'*AMÉRICAINS, *&*
*d'*EUROPÉENS POLONAIS.

Deux Coriphées, PRÊTRES *de la Fortune.*

ALCINDOR, à AZOLAN.

J'ai rempli tes defirs : vois les effèts flatteurs
  Du ferment qui t'engage.
On vient de la déèffe implorer les faveurs;
Des plus profonds refpects on va t'offrir l'hommage.
(On danfe.)

(Marche des Peuples.)

ALCINDOR aux Prêtres & aux Peuples , en
  leur préfentant AZOLAN.

Peuples , que la Fortune attire dans ces lieux,
Célébrés un mortel que chériffent les dieux.
Sur lui feul déformais que votre efpoir fe fonde :
La Fortune l'élève au premier rang du monde :
  Chantés fon deftin glorieux.

LE CHŒUR.

Célébrons un mortel , &c.
(On danfe.)

C

AZOLAN,

ALCINDOR.

Le foin de l'univers
En d'autres lieux m'appelle :
Je pars, affûré de ton zele :
Mais fonge que fur toi j'aurai les yeux ouverts.

AZOLAN.

Ah ! tout vous garantit, après des dons fi chers,
Ma reconnaiffance éternelle.

(*ALCINDOR fort : les Peuples le fuivent.*)

SCÈNE IV.

AZOLAN, Prêtres de la Fortune.

AZOLAN.

Est-ce une illusion?...contentés-vous, mes yeux!...
De quels biens enchanteurs j'obtiens la jouïssance!...
Né parmi les bergers de ces paisibles lieux....
Que ne sont-ils témoins de mon sort glorieux!...

(*Après un moment de réflexion.*)

Cédons à mon impatience....
Sceptre.... don précieux !
Prouve-moi ta puissance ;
Dans ce temple, à l'instant, offre-les à mes vœux.

SCÈNE V.

AZOLAN, Prêtres de la Fortune, AGATINE,
PALÉMON , Villageois & Villageoises ,
Paysans & Paysannes.

LE CHŒUR.

NOus quittons pour toi nos bocages ,
Nous venons prendre part à ta félicité.

AGATINE & PALÉMON.

La Fortune n'est point l'objet de nos hommages.
Nous ne redoutons rien de sa légereté.

LE CHŒUR.

Nous quittons , &c.

PALÉMON.

Élevé parmi nous , ton bonheur est le nôtre :
Loin de toi les soucis , les maux & le chagrin.

AGATINE.

Puissiés-vous , satisfait de votre heureux destin ,
N'en desirer jamais un autre.

LE CHŒUR.

Nous quittons , &c.

(On danse.)

AZOLAN.

Bergers, pour moi vos vœux ont un charme flatteur.

PALÉMON.

Avec transport nous t'en offrons l'hommage.

AZOLAN.

Agatine, le vôtre ajoute à mon bonheur

(*à* PALÉMON.)

Je ne vois point Hylas....

PALÉMON.

Il n'est pas au bocage.

AZOLAN *à* AGATINE.

Hylas, ainsi que vous, est bien cher à mon cœur :
De mes brillans destins vantés lui la douceur.

AGATINE.

D'Alcindor, dans ces dons, je reconnais l'ouvrage.

AZOLAN *à* AGATINE.

Daignés en accepter quelquefois le partage :
L'amitié nous unit dès nos plus tendres ans :

Obliger, rendre heureux des cœurs reconnaiſſans,
Des biens dont on jouït, c'eſt annoblir l'uſage.

A G A T I N E.

Azolan, je rends grâce à vos ſoins bienfaiſans.

La Fortune aveugle & légere
N'obtiendra jamais mon encens:
Le ciel m'a fait naître bergere,
J'en dois chérir les ſentimens.
Je vois votre ſort ſans envie ;
Puiſſe-t-il combler vos deſirs !
Mais croyés qu'on peut dans la vie
Goûter de plus parfaits plaiſirs.

Il eſt, pour une âme ſenſible,
Un don mille fois plus flatteur :
Un bien, qui nous rend tout poſſible,
Et nous conduit au vrai bonheur.
Par lui tout prend un nouvel être :
Tout cede à ſon charme vainqueur ;
Un jour vous pourrés le connaître ;....
Mais c'eſt le ſecret de mon cœur.

A Z O L A N, à part.

Dieux!... quel trouble vient me ſurprendre!
(*haut, à AGATINE.*)
Agatine, ceſſons d'interrompre les jeux....

J'aime à vous voir .... à vous entendre : ...
Mais il est pour mon cœur....des secrèts dangereux...
Qu'il ne m'est pas permis d'apprendre.

(*On danse.*)

(*Pendant ce divertissement, AZOLAN sort, sans qu'AGATINE s'en apperçoive : les Prêtres suivent AZOLAN.*)

AGATINE à PALÉMON.

Azolan n'est plus dans ces lieux.
Les honneurs l'ont changé.

PALÉMON.

Quelle froideur extrême ?
Il ne cherche qu'Hylas : c'est Hylas seul qu'il aime.

(*Les VILLAGEOIS & VILLAGEOISES se rassemblent autour de PALÉMON & d'AGATINE.*)

AGATINE.

Quels sont donc pour son cœur ces secrèts dangereux?

PALÉMON.

Avés-vous remarqué le trouble de son âme ?

AGATINE.

S'il fuit l'Amour ; s'il craint sa flâme ;
Ah ! qu'il est malheureux !

A Z O L A N,

LE *CHŒUR.*

Ah ! qu'Azolan eft malheureux,
S'il craint que l'Amour ne l'enflâme.
Ah ! qu'il eft malheureux ! -

(*Les VILLAGEOIS & VILLAGEOISES fortent en
chantant à demi-voix, le CHŒUR ci-deſſus qui
diminue à meſure qu'ils s'éloignent.*)

FIN DU PREMIER ACTE.

ACTE

ACTE SECOND.

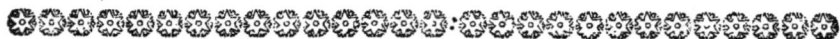

(Le théâtre repréfente l'endroit le plus folitaire du village d'AZOLAN.

Dans le fond on voit une partie de fon Palais qui tient au temple de la Fortune.)

SCÈNE PREMIÈRE.

L'AMOUR feul, fous les traits & les habits d'HYLAS, berger ami d'AZOLAN & d'AGATINE.

CACHONS ici l'Amour aux regards curieux.
Pour fervir Azolan j'abandonne les cieux :
J'ai pris les traits d'Hylas, qu'il confulte & qu'il aime :
Trompons fes yeux fous ce déguifement.

D

En l'éclairant fur fon erreur extrême
Faifons-le repentir d'un frivole ferment.
Agatine paraît : éprouvons fa tendreffe.

SCÊNE II.

L'AMOUR, AGATINE.

AGATINE, à l'AMOUR qu'elle prend pour
HYLAS.

A Zolan, cher Hylas, eft comblé de richeffe.

L'AMOUR.

Nos bergers m'ont appris cet heureux changement :
Mais, fi je les en crois, un fombre ennui le preffe :

AGATINE.

Vous favés, à fon fort, combien je m'intéreffe.
(*En foûpirant.*)
Ah ! que fon cœur eft différent du mien !

L'AMOUR.
Vous l'aimés.

AGATINE.
Cher Hylas, je ne vous cache rien.

Nous fortions à peine de l'enfance,
L'amitié nous offrit fes liens :

Dans ces tems de calme & d'innocence
Mes plaifirs étaient toujours les fiens.
On fe fait une douce habitude
D'un penchant qui flate nos defirs :
Ah ! jugés de mon inquiétude
S'il fallait étouffer mes foûpirs.

L' A M O U R.

Le veritable amour fe plaît dans la conftance.
Mais pouvés-vous encor conferver l'efpérance
De triompher d'un cœur qui n'eft qu'ambitieux?

A G A T I N E , *vivement.*

Azolan ne l'eft pas : (*avec trifteffe*) on a trompé fes
vœux :
Son cœur eft fait pour la tendreffe.

L' A M O U R.

Oubliés un ingrat : un amour fans efpoir
N'eft qu'une ennuyeufe faibleffe.

A G A T I N E , *vivement.*

L'oublier ! ... cet effort n'eft pas en mon pouvoir.
Pour former une aimable chaîne,
Il ne faut qu'un moment heureux:
Il en coûte bien plus de peine
Lorfqu'on veut en brifer les nœuds.

Quand un tendre amour nous enflâme ,
Le cœur change-t-il à fon gré ?
Eh ! comment bannir de fon âme
Le fouvenir d'un amant adoré ?

Pour former , &c.

L' *A M O U R* , *à part.*

Je triomphe : fon âme eft tendre !
(*haut.*)
Azolan veut me voir : il doit ici fe rendre :
Laiffés-moi lire dans fon cœur :
Et croyés que l'Amour veille à votre bonheur. . .

Il vient : éloignés- vous & comptés fur mon zele.

(Elle fort.)

S C Ê N E I I I.

L' A M O U R, A Z O L A N.

AZOLAN , *à l'* A M O U R *qu'il prend pour*
H Y L A S.

Est- ce toi , cher Hylas ? ami tendre & fidele !

L' *A M O U R.*

De tes brillans deftins que mon cœur eft flatté ?

A Z O L A N , vivement.

Des honneurs qu'on me rend , de ma grandeur
    nouvelle ,
Hylas , plus que jamais tu me vois enchanté.

L' A M O U R.

Azolan , Azolan , ton âme en jouit-elle ?

A Z O L A N.

Ami , rien n'eſt égal à ma félicité.

L' A M O U R , ironiquement.

    Pour rendre ton bonheur durable ;
    L'Amour t'appelle ſous ſes loix.
Il ne te reſte plus qu'à faire un heureux choix :
Unis à tes deſtins une compagne aimable.

    Pour rendre ton bonheur durable ,
    L'Amour t'appelle ſous ſes loix.

A Z O L A N , vivement.

Non , non , jamais l'Amour n'obtiendra mon hom-
    mage.

L' A M O U R.

Tu ne veux pas aimer , & tu te crois heureux !

A Z O L A N.

En aimant , l'eſt-on davantage ?

L'*A M O U R.*

D'Agatine en ces lieux
Tu me parlais fans-cèffe :
Se peut-il que pour elle oubliant ta tendreffe...

A Z O L A N , *vivement & avec ingénuité.*

Arrête... à l'amitié nous bornons tous nos vœux.

Ce qui me plaît dans Agatine ,
C'eft le vif éclat de fon teint :
J'aime fes yeux, où fans deffein
La gaieté fourit & badine :
J'admire l'ouvrage des dieux
Dans fa taîlle élégante & fine ;
Mais mon cœur,... non , mon cœur n'en eft point
amoureux.

L'*A M O U R.*

Tu crois ne pas l'aimer : eh la peindrais tu mieux ,
Si le plus tendre amour te prêtait fon langage ?

A Z O L A N , *avec le plus grand trouble.*

Quoi mon cœur ?... ah! brîfons le lien qui m'engage:
Je ne la verrai plus.

L'*AMOUR* , *avec fermeté.*

Quel barbare pouvoir
Ôfe ainfi commander aux defirs de ton âme ?...

AZOLAN.

Ah ! j'en crois Alcindor : quand l'Amour nous enflâme ,
Il nous rend malheureux ; il trahit notre efpoir.

L'*AMOUR.*

Alcindor a trompé ta crédule jeuneffe :
Au bonheur des mortels l'Amour veille fans-cèffe.
Faut-il pour t'en convaincre un exemple éclatant ?
Daigne me confier ce fceptre un feul inftant.

AZOLAN.

Ce fceptre ?...

L'*AMOUR.*

J'en connois le prix & l'avantage.
Pour deffiller tes yeux , laîffe m'en faire ufage ,
Je le puis...

AZOLAN.

Que veux-tu ?...

L'*AMOUR.*

Te fervir, malgré toi ;
(*Il prend le fceptre d'*AZOLAN.)
Donne...

AZOLAN.

N'augmente pas mon trouble & mon effroi.

AZOLAN,

L'AMOUR.

Sortés du ténébreux rivage,
Tendres cœurs que l'Amour enchaîna fous fa loi ;
Des amours de Bacchus retracés-nous l'image.

AZOLAN.

Tu me perds, & je crains...

L'AMOUR.

Ta crainte eft un outrage.

(Le théâtre change ; il repréfente l'ifle de Naxos.
On voit un vaiffeau dans l'éloignement. Sur la
droite eft une grotte creufée dans les rochers qui
bordent la mér.

SCÊNE IV.

BACCHUS ET ARIÁNE,

BALLET EN ACTION.

(AZOLAN & L'AMOUR font fur le devant du
théâtre.)

✣

SCÉNE

SCÈNE PREMIÈRE.

(ARIANE *seule. Elle sort de la grotte les cheveux épars. Elle cherche* THESÉE *qu'elle soupçonne de l'avoir abandonnée pour fuir avec* PHEDRE *qu'il aime : elle apperçoit son vaisseau en pleine mer : elle appelle envain* THÉSÉE, *& se livrant au plus violent désespoir, elle veut se précipiter dans la mer.*)

SCÈNE II.

(*Il en sort une Troupe d'* AMOURS *qui la reçoivent dans leurs bras, & qui s'oppôsent au dessein funeste de la Princesse ; ils s'emprèssent à la consoler ; leurs danses sont interrompues par le* CHŒUR *suivant qu'on entend dans l'éloignement.*)

CHŒUR, *qu'on entend & qu'on ne voit pas.*

DAns ces lieux à Bacchus élevons des autels : Confacrons dans nos chants fes exploits immortels.

(*Les* AMOURS *se retirent dans la grotte ; ils emmenent* ARIANE *avec eux.*)

E

SCÈNE III.

(*Marche & entrée triomphante de* Bacchus, *porté par une troupe d'*Egypans. *Il eſt précédé par ſes Guerriers, portans en triomphe les trophées des Rois Indiens qu'il a vaincus, & qu'il traîne enchaînés à ſa ſuite. Il eſt ſuivi par une troupe de* Bacchantes, *& par les* Peuples *de l'Iſle qui ferment la marche.*)

LE CHŒUR.

Ah ! quel jour heureux !
Divin Bacchus, comble nos vœux :
Règne ſur nous dans ces lieux :
　Tes exploits glorieux
Vont t'admettre au rang des dieux
　　Dans les cieux.
　　Que l'Amour
　　A ſon tour,
Enchante dans ces lieux charmans
　　Tes momens.
Règne ; fais nous goûter en paix
　　Tes bienfaits.

Dans le ſein d'un doux repos,
　Jouïs de tes travaux,

Enchaîne Mars & Bellone.
Viens, au gré de nos defirs,
Voir la main des plaifirs
Former ici ta couronne :
Confacrons à-jamais tes exploits ;
Le bonheur des fujèts fait la gloire des rois.
Répétons, cent & cent fois,
Règne ; fais nous goûter en paix
Tes bienfaits.

SCÊNE IV.

(Les A M O U R S reviennent fe mêler à la fête.
Ils préfentent A R I A N E à B A C C H U S, qui marque la
plus grande furprife de la beauté de la Princeffe.
Les A M O U R S veulent enchaîner B A C C H U S : les
Guerriers s'y oppôfent. L'amour de la gloire
paraiffant l'emporter dans le cœur du jeune héros
fur l'amour des plaifirs, il raffemble fes Guer-
riers, & veut s'éloigner ; mais dans le moment
où il marque à la Princeffe tout le regret qu'il
a de la quitter, un des A M O U R S le bleffe ;
B A C C H U S tombe aux pieds d'A R I A N E & de
l'A M O U R ; fes Guerriers imitent fon exemple, ils
s'uniffent avec les Bacchantes, & après le ballet
qui finit par un divertiffement général, tout difpa-
raît, & le théâtre reprend fa première forme.)

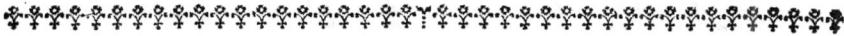

S C È N E V.

L'A M O U R , A Z O L A N.

*L'A M O U R , à A Z O L A N, qui paraît plongé dans
la plus grande rêverie.*

CEt exemple frappant, à tes regards offert ,
Te fait-il voir l'Amour comme un Dieu redoutable?

(*Il lui remet fon fceptre.*)

AZOLAN , avec le ton du trouble & de l'embarras.

Épargne un malheureux que le remords accable ,
Et qui voit fous fes pas un abîme entr'ouvert.

L'A M O U R.

Eh ! quel crime à tes yeux te rend donc fi coupable?

A Z O L A N.

Séduit par les dons d'Alcindor...
Ah!.. j'ai fait à l'Amour une cruelle injure...

L'A M O U R.

Que dis-tu?.. quel foupçon?..

AZOLAN.

Tel est mon triste fort...
Que je ne puis aimer... fans devenir parjure...

L'AMOUR.

Par un fatal ferment te ferais-tu lié?...

AZOLAN.

Trompé par mes defirs, j'ai tout facrifié
Au fort brillant qu'on me deftine.
Tout ce que j'éprouvais pour l'aimable Agatine
Je le croyais l'effet de ma tendre amitié ;
Trompé par mes defirs j'ai tout facrifié.

L'AMOUR.

Qu'as-tu fait, malheureux?

AZOLAN, *vivement.*

Le tourment de ma vie.
Ah! fi par mon ferment l'Amour eft outragé,
Par mes juftes regrèts il n'eft que trop vengé.
Agatine, hélas! m'eft ravie :
Des mains du tendre Amour je pouvais la tenir :
Et je perds le feul bien, le feul digne d'envie,

Dont mon cœur aurait pu jouïr.
Agatine hélas ! m'eſt ravie !..

Ah ! ſi par mon ferment l'Amour eſt outragé,
Par mes juſtes regrèts il n'eſt que trop vengé.

L' A M O U R.

Calme ce déſeſpoir : ton ferment eſt un crime :
Tu dois t'en affranchir.

A Z O L A N, *avec le ton du plus violent déſeſpoir.*

Non : je le remplirai.
Mon deſtin eſt affreux ; mais je le ſubirai,
Dûſſé-je en être la victime.

L' A M O U R.

Azolan, ſi les Dieux
T'ont fait un cœur ſenſible,
Crois-tu qu'il te fera poſſible
De renoncer à ce don précieux ?

Enflâmé vainement, & tourmenté ſans-cèſſe
Par des deſirs, chaque jour renaiſſans,
Dans le ſein des grandeurs tu verras ta jeuneſſe
Se flétrir ſous le poids des remords dévorans.

AZOLAN, après un moment de silence, &
regardant attentivement HYLAS.

Eſt-ce un dieu, cher Hylas, qui t'inſpire & t'anime ?
Tu parles.... mon cœur change:... une brûlante
   ardeur
Pâſſe dans tous mes ſens... ce que ta bouche exprime
Se grave, en traits de feu, dans le fond de mon cœur...
Oui, je ſens que l'Amour eſt le bonheur ſuprême...
Dût ce coupable aveu me perdre en ce moment...
Agatine eſt l'objet de ma tendreſſe extrême.

(Elle paraît dans le fond du théâtre, & témoigne
la plus grande frayeur.)

Viens me voir à ſes pieds abjurer mon ſerment,
   J'immole tout à ce que j'aime.

Viens Hylas.

(Il veut ſortir avec HYLAS, AGATINE l'arrête.)

SCÈNE VI.

AGATINE, L'AMOUR, AZOLAN.

AGATINE, à AZOLAN.

ARrêtés... ôfés-vous en ce jour,
Parjure à vos fermens, vous livrer à l'Amour.

A Z O L A N.

Moi parjure !..

AGATINE, vivement.

Azolan, il n'eft plus tems de feindre,
Alcindor vous pourfuit : je fais tout : je l'ai vu.

A Z O L A N, à HYLAS.

Le perfide !...

A G A T I N E.

Jugés par mon cœur éperdu
Des maux que vous avés à craindre.

L'AMOUR à AZOLAN.

Eh que peut contre toi le courroux d'Alcindor ?
Quelle

(*à* AGATINE.)

Quelle vaine terreur de votre âme s'empare?

(*à* AZOLAN.)

Cèſſe de redouter les fureurs d'un barbare.

AGATINE, *à* HYLAS.

Hylas ! dieux , vos conſeils le livrent à la mort !
Cruel ! n'ajoutés point à mon inquiétude :
Azolan , le parjure eſt un crime odieux ;
 Mais ſongés que l'ingratitude
 En eſt un cent fois plus affreux.

AZOLAN.

Je ne ſuis point ingrat.

L'AMOUR.

    Vous l'aimés, Agatine ;
 Verrés - vous ſon ſort ſans pitié ?

AGATINE.

Que peut pour Azolan ma ſtérile amitié :
Ah ! laiſſés-le jouïr des biens qu'on lui deſtine.

AZOLAN.

L'Amour eſt le dieu de mon cœur :
Quels biens peuvent me faire envie ,

       F

A Z O L A N ,

Si vous retranchés de ma vie
Tout ce qui doit en faire la douceur ?

A G A T I N E .

Pourquoi faut-il, hélas ! qu'un ferment téméraire !..

A Z O L A N .

Ma raifon le condamne & l'amour le dément.
Ah ! fi ma bouche a pu le faire
Mon cœur l'abjure en ce moment.

(*Il fe jette aux pieds d'*AGATINE, *qui l'en empêche.*)

A G A T I N E .

Azolan, quel efpoir dans votre âme peut naître?
Oubliés-vous qu'invifible en ces lieux,
Alcindor vous entend, peut-être?
La rage eft dans fon cœur, la foudre eft dans fes yeux.

ʟ' *A M O U R .*

Agatine...

A G A T I N E , interrompant HYLAS *vivement.*

Ceffés d'allarmer ma tendreffe
Par vos confeils pernicieux.

ʟ'*A M O U R , à* A G A T I N E .

Vous foupçonnés mon zèle ?.. Azolan je te laîffe.
J'ai tout fait pour te rendre heureux.

AZOLAN.

Oui, ma tendre amitié te doit cette juſtice.

L'AMOUR, à AGATINE qui fait un geſte d'impatience.

Je ne dis plus qu'un mot. (*à AZOLAN*) Songe qu'en
cet inſtant
Il eſt peut-être encore un dernier ſacrifice
D'où dépend ton repos ; & que l'Amour attend.

(*Il ſort.*)

SCÈNE VII.

AGATINE, AZOLAN.

AZOLAN.

HYlas !..

AGATINE.

Il vous perdra par son perfide zele.

AZOLAN.

Ne lui reprochés rien : c'eft vous feule, cruelle !
Qui me forcés à me perdre en ce jour.

(*Il jette loin de lui le fceptre que lui a donné*
A L C I N D O R.)

Allés, gage odieux d'une amitié funefte...

AGATINE.

O ciel ! que faites - vous ?

AZOLAN.

J'immole à mon amour
Des dons affreux, que je détefte.

(*Le théâtre s'obfcurcit totalement. On entend un*
bruit fourd femblable à celui qui précede les
tremblemens de terre.)

ALCINDOR qu'on entend & qu'on ne voit
point.

De mes bienfaits tu perds le souvenir :
Tremble, jeune insensé, l'enfer va t'en punir.

AZOLAN.

A me persécuter ta rage envain s'obstine :
Crois-tu changer mon cœur en armant les enfers ?

(*Une foule de* GÉNIES *transformés en Démons,*
entourent AZOLAN & AGATINE.)

SCÈNE VIII.

AGATINE, AZOLAN , *Troupe de* GÉNIES
transformés en Démons.

AGATINE.

QUe vois-je ! c'en est fait, Azolan, je vous perds.

AZOLAN.

Fuyés, chere Agatine.

LE CHŒUR.

Pour punir un mortel, parjure à ses sermens,
Confondons, renversons l'ordre des élémens.

Ébranlons le monde
Dans ses fondemens.
Que l'enfer seconde
Nos enchantemens.
Qu'ici tout réponde
A notre fureur.
Le tonnerre gronde,
Quel espoir flatteur !
La foudre s'allume ;
Son feu dévorant
Ravage & consume
Ce Palais brûlant.

(*Vers le milieu de ce Chœur, plusieurs* GÉNIES *descendent du ceintre avec des torches allumées : ils mettent le feu au Palais d'*AZOLAN *: une pluie de feu acheve d'enflâmer l'Edifice qui s'écroule totalement : les* GÉNIES *entraînent* AZOLAN & AGATINE.

FIN DU SECOND ACTE.

ACTE TROISIÈME.

(Le théâtre représente une solitude affreuse, qui aboutit à une vaste & obscure caverne, d'où l'on voit sortir AGATINE.

Le théâtre est faiblement éclairé.

SCÈNE PREMIÈRE.

AGATINE seule.

Où vais-je ?.. où suis-je ?.. o ciel ! quelle est ma destinée ?...
Dans quel affreux séjour me vois-je abandonnée ?....

Azolan !... Azolan !... cher objet de mes vœux !...
Viens calmer ma frayeur mortelle.

Azolan! ... Azolan!... o dieux!...
Je n'entends que l'écho fidele,
Répéter, loin de moi, mes accens douloureux.

Rendés-moi l'amant que j'adore,
Tyrans jaloux, qui me l'avés ravi ?

A fes loix, pour jamais, mon cœur eft affervi:
Son malheur à mes yeux le rend plus cher encore.

Rendés-moi , &c....

Vain efpoir !... Je fuccombe à ma peine cruelle:
Azolan!... Azolan!... o dieux...
Je n'entends que l'écho fidele,
Répéter, loin de moi, mes accens douloureux.

SCÊNE

SCÊNE II.

AZOLAN, AGATINE.

AZOLAN, *dans le fond du théâtre.*

J'Entends des fons plaintifs.... avançons.... dieux !
c'eſt elle.
C'eſt Agatine ?

AGATINE.

Ah, mon eſpoir renaît !
L'horreur de ces déſerts à mes yeux diſparaît.

AZOLAN.

Je vous vois...fans les maux que mon amour vous cauſe
Je jouïrais du deſtin le plus doux.

AGATINE.

Au bonheur de nos jours votre ferment s'oppôſe :
Vous voyés les dangers où l'amour nous expôſe,
Il faut vous rendre heureux : Azolan, m'aimés-vous ?

AZOLAN.

Pouvés-vous en douter, fans outrager ma flâme ?

AGATINE.

Fléchiſſés Alcindor : que nos cœurs allarmés . . .

G

A Z O L A N , avec indignation.

A cet effort je contraindrais mon âme ? ...

A G A T I N E , tendrement.

Et c'eſt ainſi que vous m'aimés ?

A Z O L A N avec chaleur.

N'exigés pas que je fléchiſſe
L'auteur de mon cruel tourment :
Je renonce à ſes dons : ils feraient mon ſupplice,
Et l'Amour, pour jamais, a rompu mon ſerment.

A G A T I N E , vivement.

Non, je ne reçois point cet affreux ſacrifice ;
Non, je ne rendrai point mon amant malheureux :
L'Amour ſur vos dangers ne ferme point mes yeux ;
Je dois vous arrêter au bord du précipice.

Non, je ne rendrai point mon amant malheureux ;
Non, je ne reçois point cet affreux ſacrifice.

A Z O L A N.

Vous obéir, vous plaire eſt mon premier devoir ;
Mais calmés ces vaines allarmes.

A G A T I N E.

Prouvés - moi donc, cruël, en cédant à mes larmes,
Que j'ai ſur vous quelque pouvoir ?

AZOLAN.

L'Amour me donne à peine un nouvel être,
Par le bonheur qu'on goûte en vous aimant;
L'Amour, par vous, m'apprend à le connaître,
A le chérir comme un dieu bienfaifant:
Et vous voulés que je vous facrifie,
Que je renonce au fort le plus charmant!
C'eft l'Amour feul qui m'attache à la vie:
Qui de nous deux aime plus tendrement?

AGATINE.

Ainfi votre péril n'a rien qui vous étonne?
Et bravant d'Alcindor la haîne & les fureurs!...

AZOLAN.

Dans ces funeftes lieux que l'horreur environne,
Je gémis de vous voir partager mes malheurs.

AGATINE.

Qu'importe à ma tendreffe extrême,
Qu'on enchaîne nos pas dans ce trifte féjour?
L'azile où je pourrai voir en paix ce que j'aime,
Sera pour moi le temple de l'Amour.

G ij

AZOLAN.

Quel bruit ! dieux ! fous mes pas je fens trembler la terre !

(*La terre s'ouvre dans plufieurs endroits : on voit fortir de tous côtés des torrens de feux.*)

AGATINE.

Elle s'ouvre !… quels feux ! prêts à nous dévorer…

(*Au milieu d'un bruit terrible , on entend un grand coup de tonnerre.*)

AZOLAN.

Quel horrible éclat de tonnerre !

AGATINE.

Nous touchons au moment qui va nous féparer.

AZOLAN.

Implacable Génie… ah ! fufpens ta colere.

AGATINE.

Il n'eft plus tems de l'implorer.

DUO.

Amour , venge-nous d'un barbare :
Souffriras-tu qu'on nous fépare ?

Exauce, Amour, mes $\left\{\begin{array}{l} \text{premiers} \\ \text{tendres} \end{array}\right\}$ vœux.

Ou fi ta rigueur nous raffemble
Pour nous immoler enfemble,
Que le même tombeau nous uniffe tous deux.

(*La tempête recommence ; la terre vomit de
nouvelles flâmes.*)

A G A T I N E.

Le bruit a redoublé . . . .

A Z O L A N.

C'eft Alcindor, o dieux !

(*ALCINDOR fort du centre de la terre, au milieu
des flâmes qu'elle vomit encore : AGATINE fe
précipite dans les bras d'AZOLAN, qui la raffure
par l'air ferme & tranquille avec lequel il regarde
le Génie.*)

S C Ê N E I I I.

ALCINDOR, AGATINE, AZOLAN.

A L C I N D O R.

Azolan, eſt-ce ainſi que tu tiens ta promeſſe ?
Crains-tu ſi peu l'effet de mon reſſentiment ?

A G A T I N E.

Ah ! fuyons, cher amant.

AZOLAN, à *AGATINE.*

Que votre crainte ceſſe.

(*Au* GÉNIE *avec fermeté.*)

Vous devés me punir ; j'ai trahi mon ferment ;
Mais lorſque vos bienfaits tromperent ma jeuneſſe,
J'ignorais de l'Amour le doux enchantement.
Quand je ſens tout le prix des traits dont il nous
　　bleſſe,
Ah ! jugés ſi je dois balancer un moment
　　　　Entre Agatine & vos richeſſes.

A L C I N D O R.

Rougis de me vanter tes honteuſes faibleſſes :
Tremble du ſort affreux qui s'apprête pour toi !

AGATINE.

Épargnés Azolan, ne puniffés que moi.

TRIO DIALOGUÉ.

ALCINDOR. { Ton ferment fut légitime,
{ Rien ne peut t'en affranchir :

AGATINE.. { Ma tendreffe a fait le crime ;
{ Non, c'eft moi qui dois périr.

AZOLAN.. { S'il vous faut une victime,
{ Non, c'eft moi qu'il faut punir.

ENSEMBLE. { N'efpéres pas me fléchir.
{ Non, c'eft moi qu'il faut punir.
{ Non, c'eft moi qui dois périr.

ALCINDOR. { Les droits du pouvoir fuprême
{ Sont de punir les ingrats.

AZOLAN.. { S'il faut perdre ce que j'aime,
{ Frappés, hâtés mon trépas.

ENSEMBLE. { Téméraire, vois l'abîme
{ Qui s'entr'ouvre fous tes pas.

{ S'il vous faut une victime,
{ Frappés, hâtés mon trépas.

{ Ma tendreffe a fait le crime,
{ Dieux ! ne l'en puniffés pas.

ALCINDOR, à AZOLAN.

Profite des momens que ma bonté te laiffe.
L'Amour a vainement trouvé grâce à tes yeux.
Il en eft tems encor : renonce à la tendreffe ;
Et partage à ce prix mon deftin glorieux.

AGATINE, à AZOLAN.

Serés-vous infenfible à ma douleur mortelle ?

AZOLAN, fièrement au GÉNIE.

Le ferment d'aimer une belle ,
Eft un ferment facré, comme on les fait aux dieux.
Agatine a le mien, & j'y ferai fidele.
Vous m'offrés vainement de régner dans les cieux,
Je n'y veux pas régner fans elle.

ALCINDOR.

Eh bien ! tu m'as bravé pour la dernière fois :

Miniftres de mon art, partagés mon injure.
Volés, vengés-moi d'un parjure :
Arrachés-lui l'objet dont fon cœur a fait choix.

*AGATINE s'élance dans les bras d'AZOLAN &
fe met entre lui & le Génie.*

Azolan ....
AZOLAN.

AZOLAN.

Non jamais...

CHŒUR *qu'on ne voit point.*

Notre fureur est vaine.

ALCINDOR.

Qui peut vous empêcher d'accourir à ma voix?

CHŒUR *qu'on ne voit point.*

Un pouvoir inconnu dans ces lieux nous enchaîne ;
On nous défend d'obéir à tes loix.

ALCINDOR, *fièrement ,*

AZOLAN & AGATINE, *à demi-voix.*

Quelle puissance souveraine
S'oppôse à ma vengeance, & me brave ⎱
S'oppôse à ses fureurs & nous sert ⎰ en ce jour ?

(*Symphonie mélodieuse, pendant laquelle le théâtre change & représente le temple de l'AMOUR.*

Ce Dieu est dans le fond, sur un trône porté par des nuages brillans ; il est environné des GRACES & des PLAISIRS.

✠

H

SCÈNE IV.

L'AMOUR, *suite de* L'AMOUR, ALCINDOR, AZOLAN, AGATINE.

L'AMOUR à ALCINDOR.

A Ce prodige heureux méconnois-tu l'Amour?

AGATINE & AZOLAN, à L'AMOUR.

Dieu bienfaisant! bonheur suprême!

AZOLAN.

Chere Agatine! Hylas n'a point trompé nos vœux.

L'AMOUR, descendu de son trône.

Pouvait-il te tromper en desfillant tes yeux?
Hylas était l'Amour lui-même.

ALCINDOR à part.

Dieux!

L'AMOUR, à AGATINE.

J'ai caufé vos peines à regret :

(*à* AZOLAN.)

Mais j'ai dû te punir d'un ferment indifcret.

(*au Génie*).

De ton art & du mien tu vois la difference.

A L C I N D O R.

Je vois en toi l'objet que pourfuit ma vengeance ;
Et pour qui j'ai fouffert les maux les plus cruels :
Un dieu, fier & jaloux ; un tyran qui m'offenfe,
Et dont ma main voudrait renverfer les autels.
Heureux, fi je pouvais détruire ta puiffance
   Sur le cœur des mortels :
Heureux, fi je pouvais dans ma jufte vengeance,
  Détruire à-jamais ta puiffance
   Et renverfer tes autels !

L' A M O U R.

N'impute qu'à toi feul les maux dont je t'accâble.

  Sous mes loix un amant
  Peut fe faire aifément
  Un deftin defirable :
   Mais tout dépend
   Du foin qu'il prend
  De fe rendre aimable.

 Amans, promts à vous enflâmer,
Retenés bien cet avis falutaire :
     H ij

AZOLAN;

Il ne faut point d'art pour aimer ;
Mais il en faut beaucoup pour plaire.

ALCINDOR, à L'AMOUR.

Inftruit par tes leçons, un nouveau jour m'éclaire :
Pardonne, Amour, fois encor mon vainqueur.

Te combattre eft une folie ;
Te fuir eft une vaine erreur.
J'ai fait le malheur de ma vie ;
Puiffé-je à tes confeils en devoir la douceur.

Te combattre eft une folie ;
Te fuir eft une vaine erreur.
Je reconnais mes torts....

L'AMOUR.

Et l'Amour.... les oublie.

AGATINE, AZOLAN.
(à ALCINDOR.) (à L'AMOUR.)

Que l'inftant fortuné qui vous réconcilie,
D'Agatine à-jamais } affûre le bonheur.
D'Azolan à-jamais }

ALCINDOR à AZOLAN.

C'eft peu de t'affranchir du ferment qui te lie :
Avec mon amitié, je te rends mes bienfaits.

AZOLAN au Génie.

Votre amitié me fera toujours chere;
Mais souffrés qu'à vos dons, mon tendre cœur préfere
Ceux que l'Amour m'a faits.

AGATINE, à AZOLAN.

Fuyés de vains honneurs; leur éclat importune.

L'AMOUR, à AZOLAN & à AGATINE.

Présidés dans mon temple au soin de mes autels;
Faites chérir mes loix aux volages mortels :
Mes faveurs valent bien les dons de la Fortune.

ALCINDOR.

Peuples des élémens, vous qui formés ma cour,
Venés de ses bienfaits rendre grace à l'Amour.

(Les Génies élémentaires paraîssent & s'uniffent aux Grâces & aux Plaifirs de la fuite de l'AMOUR.)

(On danfe.)

LE CHŒUR.

Chantons; qu'à nos concerts en ces lieux tout réponde:
Goûtons, dans une paix profonde,
Les plaifirs que l'Amour offre aux tendres amans :

Quel bonheur eſt plus pur ? Quels nœuds ſont plus
    charmans ?
Qu'il triomphe : ſes traits font le bonheur du monde.

(On danſe.)

A Z O L A N.

Triomphe, Amour : règne, dieu du bonheur ;
    Enflâme un tendre cœur,
    Enchanté de tes chaînes.

    Fortune, à mes yeux
    Tes faveurs ſont vaines :
Si tu fais les rois, l'Amour fait les dieux,

(*Un divertiſſement général termine le ballet.*)

F I N.

A P P R O B A T I O N.

J'Ai lu, par ordre de Monſeigneur le Garde des Sceaux,
AZOLAN, OU LE SERMENT INDISCRET, Ballet-Héroïque : &
je crois qu'on peut en permettre l'impreſſion.

    A Paris, ce 17 Septembre 1774.

                       M A R I N.

www.ingramcontent.com/pod-product-compliance
Lightning Source LLC
LaVergne TN
LVHW022018080426
835513LV00009B/776